A Bas les Masques !

PLACE A LA VÉRITÉ !

PAR

ÉMILE SAINT-HILAIRE

DÉLÉGUÉ DE LA LIGUE DE LA PROTECTION DES FEMMES
POUR LA PROPAGANDE EN FRANCE ET A L'ÉTRANGER

Nous avons la pensée pour la répandre.

PRIX : 1 FRANC.

PARIS

LIBRAIRIE MARCEL MANIÈRE

13, Rue Monge, 13

—

1885

Offert par l'auteur
à la Bibliothèque nation[ale].

Emile St Hilaire

Janvier 1886

A Bas les Masques!

PLACE A LA VÉRITÉ!

PAR

ÉMILE SAINT-HILAIRE

Délégué de la Ligue de la Protection des Femmes
pour la propagande en France et a l'Étranger

Nous avons la pensée pour la répandre.

PARIS

LIBRAIRIE MARCEL MANIÈRE

13, Rue Monge, 13

—

1885

AVANT-PROPOS

« ÉPICIERS ! »

Dans la bouche des gommeux, *Epicier* veut dire ignare.

Il suffit qu'un rêveur, sortant on ne sait d'où, qu'un travailleur, après avoir retroussé ses manches et manié l'outil pendant douze heures, se prive de repos et manie la plume afin d'habiller son rêve pour que toute la Clique Savante se voile la face.

Ah ! c'est que sur l'autel du Temple des Lettres, qui n'est pas le Temple de tous, une poignée de prêtres jaloux se sont abattus.

A Paris seulement, dix mille élèves, des leurs, dix mille cerveaux d'étudiants mûrissent dans l'atmosphère de l'Ecole, jusqu'à y prendre des formes de culs-de-bouteilles, comme les asperges de serre chaude, et c'est cette bande de produits monstres qu'on nous lâche ensuite avec l'écriteau : « Homme de Lettres ! »

Du haut de leur chaire vermoulue, les momies universitaires ont bourré ces dix mille paires d'oreilles du dogme fatidique : *L'usage d'une langue vivante demeure interdite à quiconque n'aura pas tout d'abord scalpé un tas de langues mortes !*

Les doigts anémiques ornés d'ongles d'un centimètre de longueur, et taillés en cône, auront, seuls, le privilège de faire grincer une plume et de noircir du papier.

Défense aux déshérités de briser le cercle des cinq cents mots dans lequel se débat le langage usuel.

Quant au plébéien, pareil à l'oiseau captif voulant planer, quitte à laisser du sang aux barreaux de sa cage, qui se prend à piller livres et dictionnaires, sentant bien que chaque expression du vocable est une plume dont se compose l'aile de la pensée, quant à ce profane, quant à cet intrus, en argot d'*Ecole*, c'est un *Epicier* !

Mot bête, s'il n'était méchant, bête, s'il n'était lâche; lâche, parce que le mot fait rire et que le perfide qui l'expectore sait qu'il aura les rieurs de son côté.

Pas de procédé plus commode. Nul besoin d'argumenter avec le pauvre qui pérore, l'ouvrier qui pense, l'opprimé qui déclame.

A l'argumentation puisée dans les faits; au jugement fortifié par l'expérience ; au cri du martyre; à la logique, quoique revêtue de formes triviales qui n'en est pas moins la logique, on oppose le ridicule, on oppose le rire : Toute tête de prolétaire d'où vient à rayonner l'intelligence poétique, on l'affuble d'une casquette d'*Epicier*, la galerie se tord, et le rayon qui commençait à poindre rentre dans sa nuit.

C'est commode, mais si l'ignorance des masses s'est faite jusqu'ici la complice des minorités, cette ignorance, un jour, aura fait son temps. L'instruction opère sa trouée lente et déjà commence à donner aux humbles la confiance dont ils ont besoin d'être armés.

Les foules grouillantes n'ont-elles pas d'ailleurs comme école l'âpre lutte pour l'existence? et cette école-là vaut bien l'Université.

Masaniello, le pêcheur, valut, pour l'éloquence, un marquis de Mirabeau; Béranger, l'ouvrier tailleur, vaut Pierre Dupont, le licencié; Alexandre Dumas père, le calicot, vaut bien About, et Jean-Jacques-Rousseau, sans latin, valait bien Voltaire.

Le peuple s'éprenant, malgré tout, de ce qui est sensé, commence à se demander s'il est tant besoin qu'un avocat use ses fonds de culottes pendant quinze ans sur les bancs d'un cours pour effrontément sophistiquer son speech et mentir; qu'un médecin s'empile tant de formules cabalistiques dans la cervelle pour nous tuer; qu'un pharmacien cuisine un quart de siècle en quelque monumentale officine pour nous empoisonner; qu'un officier étudie toutes les stratégies antiques et modernes dans ses prytanées pour se laisser piteusement battre; qu'un notaire avale la poussière de tous les codes pour se constituer le gardien maussade de droits surannés; qu'un journaliste verse tant d'encre et plagie tant d'écrivains pour nous endormir; enfin que toute cette bande de griffonnailleurs compulse tant d'auteurs, élucubre tant de publications et tant de mauvais livres pour s'en tenir encore, en matière de Belles Lettres, aux lois depuis trois siècles édictées par cet assemblage de ramollis, cet éteignoir puant et verdegrisé qui s'intitule :

L'Académie Française.

Il est juste un Epicier du nom de Louis Pierre, et un épicier de campagne, qui vient de faire éditer au nez et à la barbe des as-

perges montées, c'est-à-dire des littérateurs
portant la livrée des Ecoles, un drame intitulé la *Main de fer*, lequel drame est bel et
bien écrit en superbes alexandrins.

Ce drame, quoique révolutionnaire et socialiste, pourrait satisfaire les plus raffinés :
Tout y est, clarté, poésie, éloquence.

Ah! Louis Pierre, que de notions erronées
tu vas nous aider à détruire !

Ton œuvre est une fière réplique à l'épithète d'*Epicier* dont, contre nous, la secte
atrabilaire des embouquinés est toujours si
prompte à se servir.

Du reste, chaque fois qu'il est fait usage
de cette épithète déloyale, c'est tout ce qui
tient un outil, tout ce qui trafique derrière un
comptoir, tout ce qui tire ses moyens d'existence de n'importe quelle industrie, tout ce
qui en France a du cœur enfin, qui, loin de
s'esclaffer, doit frémir, puisque le 13 février 1836, dans notre capitale en deuil, s'est
dressé, pour un champion de l'émancipation
de tous, l'échafaud rouge encore du sang de
nos géants de la Révolution, que ce lutteur
pris les armes à la main avait d'abord
combattu le trône comme pamphlétaire, et
— souviens-t'en, Peuple, — puisque la tête
de vaincu qui roula, sanglante, ce jour-là,
pour ta cause, cette tête du héros ayant nom
Pépin, né à Paris, était justement celle d'un
Epicier !

Phillip.

A BAS LES MASQUES!

PLACE A LA VÉRITÉ!

L'article les « Épiciers » publié dans l'*Ami
du Peuple* et signé Phillip, que je reproduis
à la première page de cet opuscule, fait
naître dans mon esprit l'idée d'une tournée
en province.

La révolution dans la littérature est ur-
gente.

A notre époque de transformation sociale,
celui qui a le don de la pensée est un soldat
qui n'a pas le droit de se soustraire aux ordres
de sa conscience.

Il s'agit d'attaquer les forts. Alors il faut
s'attendre à tout.

A notre époque, la persécution prend toutes
les formes.

Une femme qui ose entreprendre de jeter
le blâme à la nouvelle école, le matérialisme,
et aux disciples de cette mauvaise cause, s'ex·
pose à ce que l'on attaque sa raison.

Il se trouvera sur ses pas des malveillances
inouïes. Une femme qui tente à prouver
qu'elle pense juste s'expose à être traitée de
folle.

Louise Michel qui venait de passer vingt-six nuits sans sommeil, ayant supporté d'esprits malfaisants les piqûres venimeuses, succombant à la surexcitation, eut un moment de révolte, de colère, contre ceux qui l'opprimaient dans sa propre maison.

Le chef d'un journal bien pensant, oubliant que le seul droit de sa présence dans cette demeure était dû à l'amitié, inséra en tête de son journal, le lendemain : « Louise Michel est folle. »

Aujourd'hui que la prisonnière a l'indépendance de l'esprit, n'ayant plus à songer à une pauvre vieille mère laissée aux soins des uns et des autres, elle se réhabilite dans l'esprit public.

Elle publie ses travaux les plus récents pour témoigner que son esprit n'eut jamais, à aucune époque de sa vie, autant de lucidité et de fermeté.

Mais le coup n'en est pas moins porté.

La province et l'étranger disent :

« Ce n'est pas Louise qui écrit, puisqu'elle est folle », et les versions, plus mensongères et plus perfides les unes que les autres, vont leur train.

Je vois que ces bruits émanent d'une coterie quelconque, et ces coteries me font l'effet de ne préparer de petites révolutions à leur profit que pour retarder la grande.

Les républicains qui n'ont pour fréquentations que des gens hostiles au progrès, vivant au contact des princes et des petits viveurs de la haute, peuvent avoir des raisons pour faire plaisir à tel ou tel personnage.

« Calomniez, calomniez, il en restera toujours quelque chose. »

Il ne leur a pas suffi de la savoir prisonnière, Louise Michel ; ils ont voulu l'attaquer
au cœur, en la faisant passer pour folle.
Henri Rochefort, voilà ton œuvre, et tu aurais dû, toi, son compagnon de captivité, plutôt démentir la nouvelle, eût-elle été vraie.

Je suis celle qui aura le courage de son opinion, qui portera la parole de vérité où des
esprits malsains ont semé l'erreur.

Je prouverai qu'ils ont menti. C'est une
lâcheté d'attaquer une prisonnière tout en
ayant l'air de la protéger et de lui donner le
coup de masse en la qualifiant de folle (1).

Pour prendre place dans la littérature, il
faut commencer par le journalisme, il faut
publier des feuilletons à grand scandale :

Assassinats, causes célèbres, coups de poi-
gnards, empoisonnements, etc., etc...

Les murs de la capitale sont de plus en plus
couverts de grandes images représentant des
têtes cassées, des gens poignardés, des pen-
dus, des asphyxiés, des noyés, on n'oublie
aucun attirail sinistre, même la guillotine.

Il y en a pour longtemps du pain sur la
planche. Les éditeurs ont des traités sérieux
avec leurs auteurs. Le public sera prévenu
par la grande coterie littéraire de tel et tel

---

(1) Les hommes de génie et ceux qui ont une valeur morale seront toujours disposés en faveur de la
femme qui a le courage d'affirmer son opinion.
Émettre sa pensée est son droit et son devoir.

ouvrage à sensation qui va paraître prochainement.

Lorsque vous passez soit aux halles ou auprès d'une grande maison de couturière, écoutez les femmes jeunes ou vieilles se demander : « Où en êtes-vous du feuilleton ? L'a-t-il assassiné ? Est-il au bagne ? »

— J'en suis, répond une autre, à la scène d'empoisonnement.

En voilà une coquine qui en faisait porter à son homme !

— Elle faisait fichtre bien, s'écrie une autre, il en avait des maîtresses, le gueux. Aussi il s'est ruiné pour sa peine. Tant mieux ! Il va se donner un coup de pistolet et ce sera bien fait !

Que peut-il ressortir d'une semblable littérature, si ce n'est des Abbadis, des Marchandons ?

Ce sont les feuilletons Ponson Du Terrail, les Alexis Bouvier qui forment le cœur de ces jeunes voleurs, de ces assassins ; et cette autre classe d'Alphonse, qui pour conserver leurs mains blanches, s'abtiennent de travail et vivent des prostituées, voilà votre clientèle, MM. les romanciers du jour ; et MM. les éditeurs qui faites bâtir de belles maisons avec ces bénéfices orduriers, et vous journalistes républicains, même socialistes, vous êtes obligés de suivre le courant, vous êtes entrés dans l'égout, vos feuilletons sont en contradiction avec vos articles révolutionnaires progressifs, mais il faut qu'ils vivent vos journaux ; ceux qui n'en voudront pas du feuilleton le laisseront, mais il traîne dans l'honnête maison ouvrière, et l'enfant de 10 et de 15 ans s'abreuve des obscénités de la Grande Iza et des Yo (la Grosse Vache), et en avant la grosse caisse !

Ici je trouve urgent de retracer une scène d'un lecteur de la Grande Iza.

Alphonse s'éveille ; sa Marmite, nous nous servons du mot de la nouvelle école, repose à ses côtés ; elle s'est couchée tard, la pauvre créature ; sa soirée n'a pas été productive, et son Alphonse a des exigences qui vont en augmentant, dès qu'il s'éveille ; il lui faut son déjeuner ; mais c'est surtout son feuilleton après lequel il aspire ; ce poisson-là en a soif comme la carpe qui manque d'eau. Croyez-vous qu'il se lèvera le premier, qu'il ira chercher sa pâtée spirituelle et matérielle ? Plus souvent, il faut laisser cette complaisance aux imbéciles, aux gogos de bons maris qui aiment leurs femmes. Notre Alphonse aime à se transporter par la pensée dans les contrées africaines, dans ces pays où l'homme traite sa compagne en esclave, l'oblige à seller son cheval lorsqu'ils partent pour une tribu voisine, tandis que lui vient sceller le fardeau sur les épaules de sa femelle !

L'homme fait la route à cheval ; la pauvre femme, à pied, n'ose avouer que le fardeau est lourd, et que la route est longue ; en essuyant la sueur qui perle sur son front, elle s'efforce de sourire ; il faut éviter la colère du maître pour éviter ses coups !

En France, ceux qui ne se croient pas des Alphonses suivent l'exemple des Arabes: l'homme ne prend-il pas à la femme son droit de vivre ? N'a-t-elle pas la plus mauvaise part

dans le travail ? La généralité des mariages
sont basés sur l'intérêt, on n'épouse la femme que pour son argent ! Nous devons à la
mauvaise organisation sociale cette classe
de prostituées et d'Alphonses : leur dégrada-
tion morale a quelquefois des côtés comiques :
certains Alphonses ont des coquetteries féminines, des calineries grotesques.

Donc, celui dont je parle plus haut vient
de s'éveiller ; il veut déjeuner au lit, il veut
être caliné, mais sa Marmite dort toujours.
A quoi pense-t-elle donc ? S'il avait son feuilleton, il patienterait encore ; il en est à la
sixième scène de baignades de la Grande Iza,
et de ses draps de velours noirs, sur lesquels
elle se vautre. Notre Alphonse a une jolie
tête. il fait des caprices ; sa Marmite en est
jalouse, il n'a qu'à dire qu'il n'est pas bien
traité ; qu'il serait mieux dans la boîte d'à
côté ; et la pauvre femme se met en quatre
pour procurer la vie douce à ce chérubin !

Le besoin d'aimer et de se dévouer est
tellement dans les attributions de la femme
que la pauvre créature nous inspire plus de
pitié que de mépris !

Où êtes-vous écrivains célèbres : Corneille,
Molière, Jean-Jacques, Voltaire et d'autres,
qui rendent l'âme fière ? Inspirez-moi le
courage de les combattre, ces écrivains sans
conscience, et de leur crier : « Vous n'irez
pas plus loin ! »

Une simple pierre jetée dans un ruisseau
peut en détourner le cours : ma parole, mes
écrits, mon courage seront cette pierre. Je

la jetterai en travers de leur immonde littérature qui fausse l'esprit, atrophie le cœur.

Le moment est venu de s'inquiéter de ceux que vous tenez à l'écart, gens de coterie.

Ce serait pourtant votre devoir de propager les écrits de revendications sociales.

Le peuple d'aujourd'hui n'a-t-il pas ses poètes ?

Nombre d'ouvriers après leur journée de labeur émettent leurs idées.

Vous vous gardez bien de propager cette littérature qui vous fait hausser les épaules.

Vous craignez que vos riches clients et lecteurs n'y soient pas indifférents, car il y a certainement quelques riches qui méritent de posséder parce qu'ils ne sont pas indifférents à la souffrance d'autrui.

« Les peuples s'agitent et Dieu les mène », a dit Bossuet.

Aujourd'hui que le mot Dieu est mal venu, disons, si vous voulez, que le hasard servira le progrès.

Ce ne sera pas impunément que, sous tant de formes différentes, on tente de toucher le cœur des riches.

Ils écouteront la chanson plaintive du prolétaire, ils achèteront ses livres, ils compatiront à sa souffrance.

Mais si je me trompais, si je m'abusais par mes sentiments qui veulent plutôt croire au bien qu'au mal ; si ceux qui possèdent restent sourds aux réclamations de la misère, si la voix de l'humanité est méconnue, oh ! alors, nous marchons à un cataclysme.

Et voilà ce qui me donne le courage de par-

courir les villes et les campagnes en criant de
toutes les forces de mon âme :

Unissons-nous !

Signalons l'injustice. Défendons les faibles.

Mais n'égorgeons pas les bourgeois, réfor-
mons-les.

Il s'agit d'empêcher l'exploitation de
l'homme par l'homme.

Extirpons de notre société le germe de tous
nos maux : l'égoïsme.

Que nos lois, à nous, punissent ceux qui
usurpent le bonheur d'autrui.

La terre qui s'offre couverte de moissons, la
gerbe qui fait vivre, la fleur qui charme, les
variétés de fruits savoureux, tu veux tout
prendre, tout saisir, monstrueux égoïste, tu
voles ton prochain. Et c'est à cause de toi que
des milliers de tes semblables son condamnés
à manquer de tout.

Que le petit être gémit, souffre, à son entrée dans le monde ! Que la fille-mère affolée,
se voyant repoussée de partout, a dû souffrir
avant de tuer son enfant!

Les journaux aristocratiques insèrent rare-
ment ces faits si coutumiers dans la grande
cité, où les riches vivent d'un côté et les pauvres de l'autre.

Ces Français, ces citoyens, sont étrangers
les uns aux autres et vivent de façons tout à
fait différentes.

Les pauvres sont relégués dans des quartiers
spéciaux, entassés dans des logemente insa-
lubres.

Il y a un siècle que les prolétaires et les
bourgeois s'étaient unis pour préparer le règne

de la fraternité : Le Bourgeois a tout pris.

Les travailleurs n'ont même plus l'outillage : ils sont plus misérables qu'avant la Révolution.

Etonnez-vous donc de leurs révoltes. Etonnez-vous donc de leurs revendications.

A vous qui calomniez le peuple sans le connaître, je dis : Le Peuple est bon.

L'égoïsme a surtout redoublé depuis ce mot de Guizot : « Enrichissez-vous. »

Ces deux fameux ministres, Thiers et Guizot, se valent. Ils n'avaient pas l'amour du peuple, ceux-là.

Le mal est tellement engravé que nous entrevoyons une lutte terrible.

S'il était temps encore d'empêcher l'effusion du sang, de crier à ceux qui ont tout et à ceux qui n'ont rien : « Entendez-vous, ne vous exterminez pas ! »

Riches, réparez vos erreurs si vous ne voulez pas avoir à les expier, tendez la main à vos frères, apprenez à les connaître.

Les travailleurs ont droit au bien-être comme vous.

Ils veulent leurs banquets, ils veulent leurs fêtes.

Devenez leurs convives et qu'ils soient les vôtres. Que la fraternité soit mise en pratique.

O toi, poète Barbier, tu es bien inspiré quand tu dis : « Le peuple, c'est de la bonne terre ! »

Du peuple il faut toujours, poète, qu'on espère,
Car le peuple, après tout, c'est de la bonne terre,
La terre de haut prix, la terre de labour ;
C'est le sillon doré, qui fume au point du jour,

Et qui, rempli de sève, et fort de toute chose,
Enfante incessamment et jamais ne repose,
C'est lui qui pousse aux cieux les chênes les plus
[hauts,
C'est lui qui fait jaillir les hommes les plus beaux.
Sous la bêche et le soc, il rend outre mesure,
Des moissons de bienfaits pour le mal qu'il endure.
On a beau le couvrir de fange et de fumier,
Il change en épi d'or tout élément grossier ;
Il prête à qui l'embrasse une force immortelle,
De tout haut monument, c'est la base éternelle ;
C'est le genou de Dieu, c'est le divin appui.
Aussi malheur ! *malheur* à qui pèse sur lui.

Ton bon Dieu, Barbier, est socialiste ; j'en fais le mien.

Avant de commencer le récit de mes luttes littéraires, je citerai encore ces vers de Barbier, qui s'adressent aux écrivains peu fortunés, et je suis de ceux-là, parce que la mauvaise littérature est en pied, et que cela pourra durer longtemps encore ; mais il est écrit : « La femme écrasera la tête du serpent. » La femme a montré sa valeur, son courage, pendant la guerre franco-allemande ; sa valeur morale dans les mauvais jours qui suivirent le Siège et la Commune ; l'homme a tellement dérogé à ses devoirs que la révolte des femmes a sa raison d'être, depuis le siège surtout, les femmes tentent de faire valoir leurs droits et ne veulent plus rester hors la loi !

Poésie de Barbier sur le talent méconnu.

Hélas ! si tu savais le mal que la pensée
Fait au cœur, quand dehors elle n'est point poussée,

Tu crierais comme moi ; mais, homme simple et bon,
Tu ne peux concevoir quelle est ma passion.
La mortelle souffrance et le désespoir sombre,
D'être enfant du Soleil et de vivre dans l'ombre.
Eh non, tu ne sais pas combien il est amer
De déployer son aile et n'avoir jamais d'air.
Et cependant la mort vient à grandes journées ;
Sur nos fronts, d'un vol lourd, s'abattent les années ;
Et le glaive que Dieu nous remit dans la main
Se rouille en attendant toujours au lendemain.
Faute de nourriture, on voit mourir sa flamme ;
Chaque jour on s'en va, le corps mangé par l'âme ;
Et le mâle talent, solitaire et perdu,
Moisit comme un habit dans le coffre étendu.
Le génie a besoin de liberté pour vivre,
Il faut un large verre à *l'homme qui s'enivre.*

Mes Luttes

Avant de m'adresser à des éditeurs, j'avais publié moi-même les *Pêcheuses des grèves de Granville ;*

Un abrégé du *Siège de Paris*, qui se vendit en province pendant la Commune ;

Les *Incurables*, qui sont l'ébauche d'un grand roman ;

Le *Paradis Terrestre dans l'avenir ;*

L'*Amour d'un Poète*, à peine achevé, avait Dentu pour éditeur.

Je signale, dans la préface de *Marguerite Germain*, les mauvais procédés de cet éditeur. Je m'étendrai ultérieurement sur ce sujet. Dans les *Pêcheuses des grèves de Granville*, mes sentiments socialistes déjà s'imposent.

Je parle avec admiration des sites pittoresques de ce port de pêche, devenu aujourd'hui une ville de bains,

Bien qu'il soit éloigné de Paris, on le préfère à Dieppe et à Saint-Valéry, qui ne lui sont pas comparables.

Il n'y a point d'artiste venant à Granville qui résiste au désir d'aller visiter le mont Saint-Michel et la vieille ville de Pontorson.

J'établis une comparaison entre les pêcheuses de *lançons* et les belles dames du Casino :

C'est pendant que l'on danse au Casino que les pêcheuses de lançons, comme des essaims d'abeilles, courent de rochers en rochers, fouillant le sable, éclairées d'une petite lanterne et se ralliant avec les vieilles chansons du pays.

Un soir que de la plage j'assistais à une de ces pêches, un bruit sinistre se répandit : « Le feu est à Granville ! » Aussitôt, les lumières du Casino s'éteignent. Les danseuses affolées regagnent leur gîte pour ne plus en sortir, tandis que les pêcheuses étaient accourues aux premiers cris d'alarme. Les hommes, à cette époque, sont presque tous à la pêche de Terre-Neuve, et si les dames de bien des villes fuient le danger, la Granvillaise, elle, sait y courir.

. . . .

J'ai fait publier l'épisode du *Siège de Paris* pour démentir les bruits calomnieux qui se répandaient dans nos provinces, d'hôtel en hôtel, par de faux commis-voyageurs à la solde de Thiers.

Ils insinuaient que pendant « le Siège » les Parisiens avaient manqué de courage et que c'était à cause de leur manque de patriotisme qu'on avait capitulé.

Ils insinuaient que la Commune ne reculait devant aucun crime. Ce qui est faux : jamais autant que sous son court règne les vieillards et les enfants n'avaient été protégés.

Dans les *Incurables*, je réunis les douleurs physiques et morales. Je suis écrivain socialiste, toujours sans m'en douter.

Mon mendiant n'est pas un repris de justice : c'est un homme que l'on a dépouillé au nom de ce code et de ces lois archaïques qu'il faut bannir au plus vite de notre humanité.

Oui, car notre code raisonne sans le cœur. Est-ce que le vagabond existerait dans une société bien organisée ? Ce qu'il faut mettre en grève, ce sont les juges et les gendarmes.

Il faut prendre la pierre des prisons pour construire la maison du pauvre.

Il faut inculquer dans l'esprit de l'enfance cette devise : « Tu aimeras ton prochain comme toi-même. »

Quiconque a tout en abondance et reste sourd à la voix du déshérité doit être maudit: il est de la race de Caïn.

Dans mon *Paradis terrestre*, j'ai voulu surtout trouver une place d'honneur aux vieillards ; ils font la première éducation civique de l'enfance; ils sont organisateurs des fêtes de la jeunesse, desquelles ils ne seront pas exclus.

Les dépôts de Saint-Denis ne fonctionnent plus, et les journaux n'ont plus alors de suicides de pauvres vieux à insérer.

Quant à l'*Amour d'un Poète*, il suffit

de jeter un coup d'œil sur sa préface reproduite dans *Marguerite Germain*, pour se faire
une idée de mes griefs contre l'éditeur.

Ah ! c'est que je n'avais point écouté les
avis de feu Dentu : Il m'avait avertie que
« pour faire du roman, il ne fallait émettre
aucune opinion ; on doit avant tout, disait-il,
plaire à tout le monde et gagner de l'argent. »

« Votre *Amour d'un Poète* m'intéresse, si
vous voulez biffer la partie politique et surtout vous abstenir d'abîmer les Napoléon, le
premier comme le troisième. »

Je priai M. Dentu de me rendre mon manuscrit en répondant que je ferais de celui-ci
comme des autres, et que de chez lui je me
rendrais à l'association de l'Imprimerie ouvrière.

J'étais en arrangement avec ces derniers
lorsque je reçus, de la part de M. Dentu, son
imprimeur Aureau, de Lagny. Celui-ci me fit
valoir tous les avantages qu'il y aurait pour
moi à figurer sur le catalogue Dentu qui
s'offrait, d'ailleurs, à fournir la couverture à
ses frais, et l'impression du livre était pour
moi.

Le compte des frais à ma charge fut vite
établi. Nous traitâmes de suite.

L'habile négociateur, en emportant mon manuscrit, emporta aussi la moitié du prix con-
venu en monnaie sonnante et le reste en un
billet à ordre.

Ce que, hélas ! je n'aurais dû faire.

Mais on me promettait de si bien prendre
mes intérêts !

Ce livre qui devait être déposé chez Dentu

six semaines après, trois mois s'étaient écoulés qu'il n'y était pas encore.

Ces deux industriels avaient attendu le règne Broglie-Fourtou et compagnie pour pouvoir impunément se jouer de moi.

Beaucoup de journaux avaient déjà annoncé mon livre ; la préface avait été reproduite par plusieurs revues artistiques.

Et c'est quand toute la librairie et le public anxieux attendaient, que Dentu en refusa formellement la livraison, déclarant que la préface ne lui en avait pas été soumise et qu'il exigeait qu'on la supprimât.

Sous ce gouvernement de Mai, je savais trop bien que je n'avais rien à attendre de la justice. Et sur le conseil d'un ami, homme de lettres, qui m'accompagna comme témoin chez Dentu, je donnai main-levée, autorisant ce dernier à supprimer ma préface.

Alors, tant bien que mal le livre parut, mais le public fatigué en ce moment sinistre avait l'esprit ailleurs, et ceux qui voulaient le lire pouvaient à peine se le procurer, Dentu faisant tout pour ne pas le vendre.

Mais l'échéance du billet souscrit par moi pour l'impression à l'imprimeur de Lagny approchait.

J'offris à cet imprimeur un renouvellement qu'il s'empressa de refuser.

A cette période Broglie, déjà les affaires étaient si mauvaises que les maisons commerciales s'abstenaient généralement de poursuivre.

Mais Aureau, lui, se donna bel et bien la satisfaction de doubler la somme en frais, et alla même jusqu'à me faire vendre, c'est-à-dire à me faire jeter sur le pavé.

Si je me suis étendue aussi longuement sur ces détails, c'est pour prévenir nos amis républicains des dangers qu'ils pourraient courir en traitant leurs affaires avec des êtres tels que les Dentu et les Aureau, ex-notaire, qui sont pour tous les gouvernements imaginables, excepté pour la République.

Quant à *Marguerite Germain*, cette fois, je me mettrai sur mes gardes. Je ne veux plus être volée. Je veux rester maîtresse de la situation :

On passe un papier parfaitement en ordre avec un imprimeur de Paris. Je prends mon dépositaire et mon vendeur, 11, rue du Croissant.

Le livre est annoncé dans tous les journaux, dans toutes les annonces de la librairie.

Mais je ne sais plus quoi penser. Aurais-je des ennemis partout qui se cachent dans l'ombre ?

La veille de son apparition, j'avais répandu des affiches dans Paris. Bernard, mon dépositaire, a déjà 300 volumes de demandés.

A dix heures du soir, il me fait avertir que mon imprimeur ne veut rien livrer.

J'accours affolée à l'imprimerie. Voici ce que me dit ce noircisseur de papier :

— Madame, dans mon marché avec vous, j'ai fait erreur de 400 fr. Voici pour 400 fr. de billets à ordre, signez-les et vous aurez vos livres.

— Monsieur, si vous aviez fait erreur, vous ne deviez pas commencer l'impression sans me prévenir. Il y a matière à procès. Toutefois délivrez-nous toujours les 300 volumes qui sont vendus.

Il refuse.

Nous plaidâmes. Cela dura deux mois.

Il perdit. Je n'obtins du tribunal, comme dommages, que la somme de 200 fr., alors que ce retard m'avait tuée dans le commerce de la librairie, et avait, comme pour l'*Amour d'un poète*, fatigué le public et porté une atteinte irrémédiable à la vente.

Marguerite Germain est l'historique d'une famille massacrée à la rentrée des Versaillais, au début de la Semaine sanglante.

L'orpheline qui survit devient l'héroïne du roman.

Une sœur de son père, une richarde, la recueille, mais lui rend la vie tellement dure qu'elle s'échappe.

A Paris, sa ville natale, elle compte vivre honnêtement de son travail. Illusion !

Marguerite se met à aimer. Et les déceptions dans son amour l'emportent encore sur toutes celles qu'elle avait déjà connues.

Avant *Marguerite Germain*, j'avais à publier un roman ou plutôt une page sanglante de l'histoire communale.

Cet ouvrage avait, et il a encore pour titre : *La Communarde, ou Souvenir des Buttes Montmartre*.

Le manuscrit à peine terminé, moi naïve, je cours chez notre député Clémenceau, croyant qu'au moins le titre allait lui plaire :

« Cher député, lui dis-je, j'ai l'honneur de vous connaître par votre haute réputation, et

mon humble personne n'a malheureusement
ni époux, ni fils, ni frères qui puissent voter
pour vous.

« Si les femmes devenaient citoyennes, il est
certain que je voterais plutôt deux fois qu'une,
car j'aime Montmartre avec le même amour
que vous-même.

« Voici l'ouvrage que je voudrais faire paraître.

« Vous avez un journal : *La Justice*, un
titre qui me plaît.

« Le titre de mon livre vous plairait-il
aussi?

— C'est à voir. Il faudrait d'abord le lire.

— Eh bien ! monsieur, il est à votre dis-
position, je vous le laisse. »

Quinze jours après, je me rendis chez le cé-
lèbre député qui me rendit mon manuscrit en
me faisant cette réponse :

« Je ne partage pas entièrement vos idées…;
il est impossible…. »

Je ne le laissai pas achever.

« Où suis-je donc? Je me croyais chez un
républicain ; voilà que je me trompe…, cela
n'est pas consolant. »

J'avais hâte de prendre le grand air pour
réfléchir plus à mon aise, emportant mon
pauvre manuscrit, toute écœurée.

Très peu de temps après cette entrevue, le
journal Clémenceautiste : *La Justice*, publiait
en feuilleton : *La Semaine sanglante*, signé
Camille Pelletan.

J'ai toujours pensé que mon manuscrit avait
été pour quelque chose dans l'apparition de
ce nouveau-né.

Pour les lecteurs qui lisent les deux, il serait facile d'établir le lien de parenté.

***

Un beau jour, je vois sur tous les murs de
Paris l'annonce d'un nouveau journal : *Le
Citoyen.*

La liste des rédacteurs ne m'est pas étran-
gère et ils me sont pour la plupart jusqu'ici
sympathiques.

Je cours à cette nouvelle terre promise.

Là une surprise agréable m'attend :

Deux tables de bois, un tabouret de paille,
par ci par là des encriers en quantité. Les
lampes du travail de nuit sont toutes prépa-
rées. Les murs, blanchis à la chaux, sont pla-
cardés d'affiches et d'imagerie révolutionnaire.

La fumée des pipes enveloppe les trois ou
quatre écrivains acharnés à la rédaction du
quatrième numéro.

— Bon ! me dis-je, c'est tout ce qu'il en faut
à ceux qui ne s'occupent que de l'intérêt du
peuple.

Il va sans dire que mon manuscrit, à peine
parcouru, fut accepté et pris en échange d'un
reçu signé Gaston Arboin, pour le directeur
en chef Secondigné.

Là on me fit savoir qu'on n'était pas riche
et que, pour me payer ma copie, on ne savait
guère comment s'y prendre.

Tout leur manquait. Ni bureaux, ni cartons,
ni casiers, pas le sou.

On publiait alors les lettres du regretté

Maroteau, afin, disaient-ils, de venir en aide à la pauvre mère de ce dernier.

C'est alors, qu'au lieu de demander de l'argent pour mon œuvre, je leur offris à titre de prêt une somme de cent francs qui les aiderait dans leur installation.

En les quittant, je leur souhaitai bonne chance.

C'est égal ! au moins, en voilà qui se mettent carrément à la besogne.

Ces gueux vivront !

Un mois se passe, les lettres de Maroteau sont épuisées.

D'après nos conventions venait alors le tour immédiat de mon pauvre manuscrit.

Anxieuse, j'ouvris deux ou trois jours de suite *le Citoyen* pour m'y chercher.

Rien. Rien. Toujours rien,

Je cours à la rédaction. Il me faut Secondigné à tout prix.

Il y est. Mais très occupé.

Il faut attendre. J'attendrai.

Tiens ! ce local ne ressemble plus à celui que j'ai décrit :

Beaux tapis, beaux bureaux et des écritoires, je ne vous dit que ça.

C'est en bronze, en cuivre, ça reluit. On a des domestiques.

Ce nouveau luxe ne me dit rien qui vaille.

Enfin, monsieur le « directeur en chef » me fit appeler dans son cabinet :

« Son journal, qui a du succès, l'obligeait
« à se mettre en rapport avec des noms
« connus. Moi, il m'insérera plus tard, un
« jour... à la colonne des Variétés..... »

Je le quittai avec peu d'espoir, peu de confiance en sa parole.

Ce déploiement de luxe est de mauvais augure.

Tous ces parvenus sont les mêmes.

Ici je trouve urgent de reproduire la lettre d'un journaliste qui s'intéressa à mon manuscrit intitulé : la *Communarde* ou *Souvenir des Buttes-Montmartre*.

Je reproduirai également les vingt-cinq feuilles du manuscrit, cause de mon procès Secondigné.

« Vous me demandez, chère madame, si j'ai gardé mémoire d'un roman que vous vîntes autrefois porter à mon journal et dont je pris connaissance.

« Parfaitement, ce roman était, je crois, intitulé : les *Buttes Montmartre*, avec soustitre : la *Communarde*.

« Je suis très heureux de pouvoir vous dire que je le lus avec le plus extrême plaisir.

« Il contient, en effet, des situations émouvantes éloquemment tracées et ce qui s'en dégage est honnête et sain ; une telle œuvre, généreusement pensée et brillamment écrite, a sa place marquée dans un journal démocratique, car il serait temps d'offrir au peuple autre chose que des Rocambolades. C'est mon avis, vous m'avez engagé à vous le donner, le voilà ; s'il est peu autorisé, il est en revanche très sincère.

« Charles Tabarau (*Petit Parisien*). »

La morale de tout ceci c'est qu'à ma troisième entrevue avec le même personnage, il me déclara que le manuscrit se trouvait égaré, qu'on le chercherait.....

Je le quittai cette fois sans mot dire.

Et fatigué d'attendre ses soi-disant recherches, je lui envoyai du papier timbré.

Assignation, procès, condamnation par défaut à 3,000 francs de dommages-intérêts contre le journal le *Citoyen*.

Mais à la fin du procès, le canard et son directeur avaient disparu.

Secondigné et son adresse introuvables. Après la perte de mon œuvre et de mon temps, j'eus encore les frais à rembourser.

Mais ça ne lui a tout de même pas porté chance de tromper une femme.

Les vingt-cinq premières feuilles du manuscrit soi-disant perdu me dispensent d'un compte-rendu.

*
* *

C'était en 1871, sous le règne Thiers; nos désastres, nos deuils, nos divisions, nous rendaient méfiants les uns des autres. Celui qui avait de la douleur devait la cacher, les larmes étaient une dénonciation.....

Il y a des êtres qui ne sont pas libres de mourir : le devoir nous attache à la vie, la mort cependant serait la délivrance ; mais, faibles, impuissants, âmes justes, ils sont condamnés à contempler le mal, n'ayant pas le pouvoir, la force d'y remédier.

Un enfant était né de parents révolutionnaires ; la prudence avait fait éloigner d'eux leur cher trésor, ils ont voulu cacher à son jeune regard les horreurs de la guerre civile.

Dans l'âme des époux une voix immense criait : ton esprit, ton jugement ne sont pas ta propriété ; tu dois tout sacrifier à la cause du progrès et de la justice qui doit délivrer l'égoïsme humain, tu es marqué au front, marche, marche, la mort pour un principe n'est pas la mort, c'est la résurection ; dix mille serviront ton idée, c'est toi qui les auras enfantés ; la chair n'est pas seule productive, l'esprit crée le génie.

Homme, lève-toi, obéis à la voix de ta conscience, tu soulèveras des milliers d'êtres, et les faibles et les deshérités feront peur aux puissants ; cette voix fera trembler les trônes, et cependant, lors de nos désastres un homme sorti des flancs du peuple est allé de cour en cour calmer les craintes des empereurs et des rois.

Humiliant les hommes de progrès, insultant la République, ils disait aux têtes couronnés : Ne craignez rien. Nous sommes là pour conserver la tyrannie. Le peuple français est criard, mais il n'est pas prudent, nous avons des pièges tout préparés. — Connaissant ses moyens d'action nous le prendrons dans ses propres filets.

Hélas ! la Commune est l'œuvre de l'infâme Thiers. Les générations futures ne pourront jamais trop le flétrir ; la vérité n'est pas encore révélée sur ses trames infernales. Mais le sang du peuple a coulé à flots dans les rues de Paris ; Satory, Nouméa, vous conserverez le souvenir de celui à qui on a osé élever une statue.

Ce roi de la Bourgeoisie a la malédiction du peuple, et le peuple, ne vous en déplaise, a le sentiment de la justice et de l'humanité avant tout ; il acclame l'inventeur qui prolonge la vie des êtres utiles et qu'il aime, les cœurs généreux qui prêchent l'amour, la concorde et la liberté.

Revenons au but qui nous fait écrire une page d'histoire plutôt qu'un roman.

C'est une femme dont il s'agit, elle regrette de ne pas avoir augmenté le nombre des morts, de ceux que les partisans de Thiers appellent avec mépris : « les communards », et pourtant, sans eux, la République n'existerait pas. C'est leur sang qui l'a fondée, et c'est à cette République que nous demandons actuellement des réformes, qui, si elles ne nous étaient pas accordées, nous feraient crier à l'anathème ; nos deuils, nos sacrifices s'imposent.

Assistez avec moi, lecteurs, à la douleur de l'héroïne qui m'inspire ces pages. Elle a combattu à côté de son mari pour la défense de la cité à la rentrée des Versaillais. Voyant son parti vaincu, le quatrième jour de cette lutte sacrilège, elle eut un sentiment de conservation.

— Tout est perdu, dit-elle à son mari, nous avons fait notre devoir, il faut fuir, puisque nous avons la vie sauve. .

— Fuir, mais la vie m'est à charge, pourrai-je la supporter après toutes les horreurs auxquelles j'ai assisté.

Et, d'une voix suppliante, l'épouse disait :

— Mais ton enfant et moi nous ne sommes donc plus rien ?...

— Oh ! ne me questionne pas à ce sujet ; à la dernière heure, si la balle ennemie m'épargnait, toi et mon fils, s'il était là, je vous tuerais tous les deux et moi ensuite, car la vie n'est plus possible pour moi, il faut y renoncer.

A ce moment apparurent, à une certaine distance, vingt ou trente hommes, les survivants d'un bataillon.

— Vois ceux-là, dit le désespéré ; eux aussi ils sont résignés à mourir ; ils vont défendre les dernières barricades, je vais les rejoindre ; toi, reste pour notre enfant et apprends-lui à respecter les vaincus.

La pauvre femme anéantie, brisée, ne se sentait plus la force de le retenir ; elle suivit longtemps du regard ces hommes qui marchaient à la mort en chantant la *Marseillaise*, et lorsqu'ils eurent disparu à sa vue, machinalement elle s'achemina vers sa demeure ; au moment d'en franchir le seuil, une voisine accourut à sa rencontre et lui dit de fuir..... On venait de faire une perquisition dans sa maison ; on s'était emparé de la correspondance de son mari et de différents papiers. La voisine avait entendu donner les ordres de les fusiller, elle et son mari, et des mouchards avaient leur signalement.

La pauvre femme restait indifférente, semblant ne pas comprendre la gravité de ce qu'on lui annonçait :

Vous ne m'entendez donc pas, lui disait la

voisine en l'entraînant, partez immédiate-
ment; je m'expose en venant à vous, on m'es-
pionne peut-être.

Et la brave femme lui jeta son châle sur
les épaules pour dissimuler le désordre de sa
toilette.

— Où irai-je, se dit la pauvre abandonnée,
dont l'esprit était peu lucide en ce moment ;
avait-elle des amis à qui demander asile? Elle
chercha dans sa mémoire et n'en trouva pas
d'assez dévoués pour se compromettre.

Elle marcha au hasard, sans se demander
où elle allait et sans songer qu'elle s'exposait
à être reconnue et arrêtée.

Les rues de Paris, dans certains endroits,
étaient jonchées de cadavres, les soldats de
Thiers étaient trop occupés, ils n'avaient pas
le temps de ramasser leurs morts; alors on
obligeait les passants à en charger les cha-
riots. En détournant une rue donnant sur une
place que la mémoire me fait défaut pour nommer, notre fugitive assista à un de ces char-
gements; l'horreur la réveilla de son inertie.

Qu'ils étaient lâches ceux qui insultaient
ces cadavres en les jetant dans les tombereaux comme une vile pourriture. Elle allait
fuir cet horrible spectacle, lorsque des excla-
mations se firent entendre; elle se rapprocha
des femmes et des enfants qui assistaient à
cette triste besogne, spectacle bien moral
pour l'enfance; aussi, aujourd'hui, si nous
avons des Abadie et des assassins de quatorze ans, ne nous en étonnons pas, le règne
Thiers n'a-t-il pas été le règne de la cruauté !
On s'émeut pour un cadavre actuellement;

allons donc! les pages de la Saint-Barthélemy
sont surpassées, madame Catherine a eu son
pendant en 1871. La Médicis et Thiers au-
raient fait un digne couple s'ils avaient vécu
au même siècle.

La Catherine aimait les poisons, une seule
fois elle a fait assassiner en plein midi.

Adolphe Thiers aimait la mitrailleuse; la
plaine de Satory lui a procuré de très bonnes
digestions. Après son dîner, il aimait à entendre parler de la fusillade.

Revenons à notre sujet.

Les acclamations entendues sont causées
par un cadavre qui a vivement impressionné
ces hommes, c'est un jeune soldat dont ils
viennent de soulever le corps, son visage n'est
pas décomposé comme celui des autres, il
semble avoir souri à *la mort.*

Mais c'est une femme, dit un releveur de
morts.

A peine avait-il achevé ces mots, que le
képi, retenu sur la tête du soldat par une ju-
gulaire, est enlevé et une belle chevelure
blonde s'en échappe; la surprise est si grande
qu'ils laissèrent retomber à terre ce corps
svelte; on ôta sa tunique et on mit sans pu-
deur sa poitrine à nu pour voir s'il n'y avait
pas quelques papiers qui pourraient la faire
connaître; ils trouvèrent ces mots écrits au
crayon :

« J'ai brûlé ma dernière cartouche pour ven-
ger la mort de mon amant, j'ai tué, j'attends
la mort à mon tour; ceux qui ramasseront
mon cadavre sont priés de me réunir à mon
époux qui gît ici. où je viens mourir; à sa

main gauche est attaché un médaillon, il renferme mon portrait.

Ces brutes qui au début avaient insulté les morts, obéirent à l'ordre d'outre-tombe; c'est avec une certaine émotion qu'ils déchargèrent le chariot et trouvèrent effectivement le cadavre désigné ; ils ouvrirent le médaillon qui renfermait le portrait d'une belle jeune fille de vingt ans; ses yeux bleus étaient remplis de charme et de douceur et, ils semblaient dire : je suis née pour aimer et être aimée.

Elle est puissante la pensée qui transforme ces natures aimantes pour les faire agir en révoltées.

J'ai tué, avait-elle écrit; j'attends la mort à mon tour ; sublime douleur, femme héroïque, nous te saluons.

Celle que nous appellerons pour le moment la *Communarde* avait regardé cette morte avec envie; elle se trouve toute petite auprès de cette femme qui s'était vêtue en homme, dont les mains étaient noircies par la poudre ; elle se trouve lâche de vivre, elle qui n'avait pas suivi son mari pour mourir à ses côtés.

Mais qui donc me retient à la vie, se disait-elle; ai-je perdu tout sentiment d'honneur et de dignité ; la pensée de mourir n'est plus dans mon esprit, je l'avoue.

C'est un sentiment de curiosité qui m'oblige, qui me force à vivre. Je veux savoir où s'arrêtera l'infamie, la cruauté de ce vieillard dont la face blême semble celle d'un oiseau de proie. Il est resté sourd à la voix de la clémence et de la conciliation, les femmes l'ont imploré au nom de leurs époux et de leurs enfants ; les francs-maçons sont allés vers lui bannière déployée, au nom de la fraternité, lui demander d'arrêter l'effusion du sang. C'est le canon qui s'est chargé de répondre.

Paris, c'est Néron qui te gouverne ; tes pavés sont teints de sang. Ce sont des pères, des fils, des frères qui s'égorgent entre eux ! Il te faut une guerre civile pour compléter ton histoire ; la rue Transnonain n'a pas apaisé ta soif de sang, Adolphe Thiers !

Hélas ! et nous sommes au mois de mai, le mois des fleurs, le soleil luit, le gazon pousse, la nature semble révoltée de tant d'horreur ; l'herbe des jardins est toute rouge, c'est le sang humain qui alimente le ruisseau. Tuez, tuez, est à l'ordre du jour.

Que me reste-il à voir, se disait la pauvre infortunée. Dans le lointain, les mitrailleuses fonctionnent ; à l'heure qu'il est je dois être veuve et je n'ai pas une larme, et je veux vivre pourtant pour tout voir, que me reste-t-il donc à voir ? Elle eut un rire strident.

Ma raison, suis-je bien sûre de la posséder ? Pauvre ami, digne époux, le parti que tu as pris était le plus sage, ton cœur, s'il a cessé de battre, n'aura pas comme moi souillé son regard de l'orgie du crime.

Ah ! ces charretées de cadavres, je les aurai toujours présentes à ma vue.

Ce n'est pas seulement le charriot devant lequel elle s'était arrêtée pour contempler la belle jeune femme dont nous parlons plus haut, qui avait attiré son attention ; mais dans les rues étaient épars des malheureux qui râlaient encore, on les jetait provisoirement dans les jardins en attendant l'arrivée des tombereaux. Fuir, s'éloigner dans les rues qui lui étaient inconnues, c'est ce que fit notre héroïne : elle se trouva en haut de la rue Rodier, et de là sur les boulevards extérieurs, elle aperçut la butte Montmartre qui était si pittoresque avant sa transformation, elle y courut, la verdure l'attirait ; comme elle avait besoin de repos, la pauvre femme !

En bas des buttes il y avait de petites cabanes, refuge des chiffonniers, qui se donnaient la satisfaction d'une chèvre que nourrissait la butte verdoyante ; les pauvres bêtes étaient là, broutant paisiblement.

Quel contraste avec Paris où règne la consternation, l'affolement, l'épouvante....

Laissons pour le moment la lamentable histoire de mes manuscrits.

Il est maintenant utile que je jette quelque lumière sur mes tribulations de journaliste.

Je débutai sous le Siège par les articles :

« Paris vainqueur. »

« A Paris ».

« Pas de paix honteuse ! »

« Place à la liberté ! »

« Vive la République universelle ! »

« Nos boulevards. »

Insérés dans le journal *La Guerre*, directeurs Jeanmaire et feu Arnould.

C'était un journal ouvrier. Là point d'embûches. Tout y était honnête.

Après quatorze années, leur souvenir me défatigue de tant de tribulations : ceux-là ne bafouent pas les femmes qui veulent proclamer leurs pensées. Il y a peu de jours j'eus la satisfaction de rencontrer le citoyen *Jeanmaire :* nous parlâmes d'Arnoult, il me montra son portrait qu'il conserve précieusement. Ici je crois devoir reproduire la lettre que le citoyen Jeanmaire m'écrivit pour un de ses amis, éditeur romantique :

« Mon cher confrère,

« Mme Émile Saint-Hilaire a quelques ouvrages auxquels il n'a manqué qu'un vulgarisateur comme vous pour atteindre un énorme chiffre de vente.

« Elle serait heureuse de se voir éditée en livraisons populaires.

« Cette excellente citoyenne, ancienne collaboratrice de talent, depuis 20 années, elle se voue au peuple, défend des intérêts qu'elle comprend mieux que personne, vivant avec lui, comme elle le fait. Ses livres sont vrais, ses romans sont de l'histoire ; en ce moment, Lisbonne lui publie un feuilleton dans l'*Ami du Peuple.* »

. . . .

Cette lettre me semble un acte de justice, envers moi, jusqu'alors si mal traitée, voilà pourquoi je la publie dans ma brochure.

. . . .

. . . .

Dirai-je le nom de l'éditeur à qui j'ai soumis la lettre de Jeanmaire ? Non, mais sa réponse, oui ; après un long entretien avec ce commerçant littéraire, il m'avoua qu'avec la bonne littérature, il n'y a pas d'argent à gagner ; j'ai même appris qu'il avait en province des jeunes écrivains qui lui confectionnent des feuilletons à des prix très modérés. Faut-il lui en vouloir de suivre le courant de s'enrichir ? A qui la faute ? Qui mettra ordre à un pareil état de choses si ce n'est la femme ?... Mères de famille qui veillez à la santé, à la sécurité de ceux qui vous sont chers, qui ne voudriez pas leur donner des aliments malsains.

Je vais ici établir une comparaison : le champignon, ce légume qui est toujours une cause d'inquiétude dans l'alimentation, vous êtes quelques fois embarrassé pour distinguer le bon d'avec le mauvais ; l'un est agréable au goût, sain au corps; l'autre, le mauvais empoisonnerait votre famille, alors vous avez plusieurs moyens pour ne pas vous tromper, l'erreur n'est pas de minime importance.

Eh bien! pour les livres, pour les journaux, qui rentrent dans vos maisons, prenez des précautions aussi urgentes que pour le champignon, faites des enquêtes sur la littérature, sur les auteurs corrupteurs démoralisateurs de la jeunesse.

Et quant aux feuilletons de ces journaux, ayez la prudence de les couper avant de laisser traîner le journal, ayez soin de lire ce feuilleton avant que des enfants s'initient à une littérature qui les empoisonnerait moralement et physiquement.

Avant de terminer cet opuscule sur un sujet qui se traiterait à peine dans un volume tant il y a à dire et à faire, je continuerai ce décousu de pensées par quelques notes de mes relations littéraires.

. . . .

Je ne veux pas omettre de signaler ici qu'après le Siège, lorsque la terreur régnait dans les esprits, puisque Thiers était le chef du pouvoir, un vieil instituteur soucieux de prouver qu'il remplissait son devoir en faisant appel aux sentiments de justice, réunissait dans son cinquième étage, rue du Jour, un certain nombre de citoyens. Avec leurs ressources, ils fondèrent les cahiers du prolétariat ; il faudrait lire ces 12 cahiers qui n'eurent qu'une année d'existence ; l'initiateur de ces cahiers les a réunis dans un volume. Ici s'impose l'article des Epiciers, dont je me sers pour ma préface. Il faut lire cet article qui annonce la révolution qui se prépare dans les lettres, les cahiers du prolétariat desquels je vais parler en sont une preuve.

Ce sont des ouvriers, des commerçants, des voyageurs, des artistes qui ont participé à la collaboration. Même un écrivain en renom n'a pas craint de se compromettre, son nom figure à la table des matières : Odysse Barot ne m'en voudra pas de le signaler ! De même que le poëte Lecanne, ouvrier tapissier, me permettra d'insérer dans ma brochure un fragment de ses poésies, *la Mode*, insérée dans les cahiers du Prolétariat :

Jadis on s'instruisait aux nobles tragédies
Maintenant il nous faut farces et parodies,
Plus la farce est grossière et plus on est joyeux,
Surtout quand des appas viennent charmer vos yeux.

Des théâtres bâtards ont changé la coutume.
On est là sans façon, on rigole et l'on fume
On y mange au besoin et l'on y boit toujours,
On peut même y trouver de faciles amours.
On se croit bien plus libre en ne se gênant guère
Et petit à petit le bon goût dégénère.
Sans raison, on s'engoue en lisant tel auteur,
Qui fait de son héros un honnête voleur,
Donne élégance, esprit à la femme galante,
Et tourne en ridicule une fille innocente,
Vous dépeindra le bagne au sortir d'un salon,
Changera en argot la langue d'Apollon.
Plus son style est coulant et plus il intéresse
Et plus il pervertit et trouble la jeunesse.

Mais !... pendant ce temps-là, Lafontaine et Boileau,
Corneille, aussi Voltaire, et Jean-Jacques Rousseau,
Les Racines, Régnard, jusqu'au grand Molière
Et bien d'autres auteurs desquels nous sommes fiers,
Seront lacérés ou lus de loin en loin,
S'ils ne sont vendus à l'épicier du coin.

J'ai eu l'honneur d'être acceptée à cette vaillante rédaction. Quatre de mes articles, sont insérés à la Table des matières : *la Femme et l'Enfant, la Femme et le Progrès, l'Union fait la Force, la Police des mœurs.*

Une femme de cœur, Mme Kopp, vient de fonder un journal sous ce simple nom : *La Femme*; tant que ce journal a porté ce titre j'y ai collaboré. Je tiens ici à reproduire mon premier article à propos de *l'Assommoir,* qui a produit son effet.

A propos de l'Assommoir

Le succès du jour : *l'Assommoir!* Quel titre ! quel livre ! Quoi ! c'est sous la République que l'on acclame une pareille littérature !

Ce livre, je n'ai pu l'achever, tant il m'a inspiré de dégoût. J'ai vu la pièce. J'ai assisté à ces actes qui se ressemblent tous : cabarets à la ville, cabarets à la campagne, scandale partout !

En assistant à cette pièce, que de pensées assiégeaient mon esprit sur l'époque actuelle ! Propager *l'Assommoir* prouve, hélas ! que nous nous ressentirons longtemps encore du règne néfaste de Napoléon III !!!

Cette jeunesse sans poésie, ce réalisme écœurant me faisaient penser à cette époque si productive de 1830, illustrée par les hommes de talent, par les écrivains de génie qui fourmillaient alors.

Les survivants de cette illustre pléiade devraient protester au nom du génie et flétrir comme elle mérite une telle littérature.

Je mets Victor Hugo au défi de lire *l'Assommoir*, et surtout d'avoir le courage d'assister aux cinq actes de cette pièce. Pour en montrer la laideur, je voudrais que, dans un entr'acte, on vînt sur la scène déclamer les beaux vers de Barbier, lorsqu'il parle du peuple dans ses *Iambes*, pages jugées, admirées, qui passent *de droit à la postérité*.

Maître Zola n'a pas su faire croître une fleur sur ce tas de fumier. Son forgeron dit bien quelques mots qui semblent relever ce peuple qu'il insulte. Quant à moi, j'aurais compris, dans sa pièce, qu'à la place de ce croque-mort qui figure à tous les actes, il eût fait apparaître un philosophe, un savant, un de ces êtres pris d'amour pour les déshérités, un rêveur combinant l'amélioration de l'espèce hu-

maine, un apôtre et martyr des idées modernes, allant et jugeant au milieu de la foule,
et, dans leur amour pour tous ceux qui souf-
frent, qu'ils trouvassent l'excuse du coupable
que la société flagelle et exclut. Mais non, il
n'y a pas un caractère marquant dans cette
pièce.

Il faut apprendre à M. Zola, s'il l'ignore,
qu'il est sorti de grands hommes des entrailles
du peuple. Il y a quelques mois à peine, l'Aca-
démie s'honorait en offrant ses palmes à un
modeste ouvrier serrurier du département de
Seine-et-Oise.

M. Zola n'a pas — ou ne veut pas avoir —
l'élévation de la pensée ; il veut rester terre-
à-terre, et voir dans l'ouvrier un être infé-
rieur, une race à part.

Enfin, *l'Assommoir* est un livre réellement
assommant; je le compare à un jour lugubre
où le soleil ne veut pas paraître. N'en déplaise à M. Zola, nous sommes tous égaux
devant la nature. L'éducation, les préjugés,
le métal même, qui constitue nos positions
sociales, forment nos inégalités et nous con-
duisent dans l'erreur. Les hommes de génie,
les hommes de talent naissent aussi bien dans
la plus humble chaumière que dans le plus
splendide palais. Aussi, avons-nous le devoir
de décréter l'éducation pour tous. On naît
avec une vocation : à chacun sa place.

On a reproché à M. Zola, dans la critique
concernant son livre, de s'être inspiré d'un
ouvrier qui avait écrit une œuvre sur les prolétaires de son époque, Si ma mémoire n'est
pas en défaut, cet écrit date du règne de

Louis XVIII. La France a subi des transformations depuis cette époque ; le peuple s'en est ressenti, c'est-à-dire que le plus grand nombre a progressé. Leur instruction plus développée a permis à ces déshérités de se connaître ; ils ont lu l'histoire de France, celle des prolétaires écrite par ces hautes intelligences si dévouées au peuple.

Malheureusement, une littérature malsaine, nauséabonde, a éclos sous l'Empire, et a en partie détruit les effets de la bonne littérature dont nous parlons plus haut. Pendant que les uns s'instruisaient avec les livres des éminents écrivains que nous comptons dans le parti républicain, les autres prenaient à tâche de lire du Ponson du Terrail, cette infecte littérature enfin qui, aujourd'hui encore déshonore nos journaux, et, j'ai la douleur d'en convenir, même nos journaux républicains. Il est temps, grand temps de remédier à cette infection morale ; revenons à la bonne littérature, à la poésie ; développons le sentiment ; il faut instruire et moraliser les masses ; faisons des prolétaires une classe aristocratique. Qu'après la journée de labeur, après la journée de production, l'ouvrier puisse passer un vêtement propre et aller avec sa femme et ses enfants, non au cabaret, comme le fait aller trop souvent M. Zola, mais dans un cercle fondé par la majorité des hommes de sa classe, où l'esprit se fortifiera au contact des vertus civiques et où il acquierra les vraies pratiques de la fraternité ; car le peuple est appelé à régénérer la France, et qui dit la France dit le monde.

L'auteur de *l'Assommoir* n'a pas voulu admettre qu'un de ses sujets, ces types vulgaires, s'occupât des intérêts sociaux. M. Zola a été encouragé, sans doute, à écrire ce livre nuisible au progrès ; les ennemis de la République lui auront dit : « Ecrivez, et nous vous propagerons ; l'art, le bon goût ne sont pas à la mode ; montrez aux nations qui jettent leurs regards sur notre gouvernement, né du suffrage universel, à quel degré d'abaissement est tombé ce peuple proclamé souverain. »

Souvenons-nous de Béranger, qui a poétisé les gueux ; de Mürger, qui a écrit : « Le jugement du peuple est le jugement de Dieu » ; de Lamennais, cet illustre révolutionnaire, qui portait en lui les douleurs de l'opprimé et qui conseillait si bien au peuple d'entamer la lutte contre les tyrans et les rois. De tels écrivains plaident avec moi.

La littérature Zola, acclamée aujourd'hui, sera flétrie et oubliée.

J'ajoute qu'à certains moments on usurpe la bonne foi du public, en lui faisant dépenser son argent, on l'écœure. Je le répète, qu'une actrice, telle que Rousseil ou Agar, dans un entr'acte, déclame des vers de Victor Hugo ou de Barbier, on verrait le changement qui s'opèrerait dans la physionomie des spectateurs de *l'Assommoir*, Et à ceux qui n'aiment point la poésie, on lirait quelques pages des œuvres de Balzac, dans la peau duquel maître Zola veut se mettre !

Ce bon public verrait de suite la différence ! Balzac ne force point la note, il est vrai : poëte et réaliste, il touche les fibres du cœur.

Il n'a pas besoin de voir les plaies et de les
toucher pour les peindre ; cet homme de génie,
dont la profondeur de pensée est immense,
connaît le cœur humain par intuition.

J'ai également écrit quelques articles dans
la *Citoyenne*, directrice Mlle Auclair. Ces
articles diffèrent de ceux que réclament cette
rédaction, entièrement dévouée à la cause des
déshéritées : l'art est de ma compétence. Ma
brochure n'est qu'un faible aperçu des tribulations qui deviennent le partage des femmes
voulant vivre d'elles-mêmes et affirmer leurs
idées !

Mes articles dans la *Citoyenne* sont ainsi
intitulés : l'*Art dans la maison* et le *Musée
de Saint-Germain*.

Ici je crois devoir également reproduire
mon article : le *Musée de Saint-Germain*.

Le Musée de Saint-Germain

Je n'avais pas visité Saint-Germain depuis
l'invasion prussienne. Ce n'est pas sans un
serrement de cœur que je m'y retrouve. Je
vois avec satisfaction que le vieux château de
Henry IV est restauré. Je vois avec non moins
de plaisir, sur le fronton de cette ancienne
résidence royale, cette inscription : *Musée des
antiques*.

Munie de ma carte d'artiste, le gardien
m'en facilite l'entrée. Quel calme sépulcral
dans cette vaste salle appelée *Salle des Fêtes*
au temps de François Ier.

Les murs de ce musée sont complètement
nus. Les riants paysages, les gracieux por-

traits qui ornent Versailles y font défaut. Là, point de Watteau, ni de Largillières.

Ni les belles décorations de Bouché, ni aucuns travaux de ces maîtres qui rivalisaient par la grâce, la beauté et l'idéal au quinzième siècle.

Là, c'est l'enfance de l'art, l'art tout primitif. J'y vois la pierre brute ; puis cette pierre polie, aiguisée, tranchante comme une arme : du reste, elle en a servi aux hommes des premiers âges.

Vient ensuite l'époque du fer et du bronze, le vase le plus simple est perfectionné, puis finement ciselé enfin devient œuvre d'art.

J'examine avec un vif intérêt une grande vitrine qui renferme un plan des Gaules lors de l'invasion romaine. C'est là que les professeurs devraient amener leurs élèves ; en frappant leur imagination, ce serait un moyen de développer leur intelligence.

J'y vois les sites verdoyants, les forteresses, les villes et les villages où nos malheureux pères luttèrent avec tant de courage contre leurs envahisseurs qu'ils régénérèrent. A côté de cette vitrine, un Romain, en costume de guerrier, est représenté de grandeur naturelle.

Dans toutes les salles que je parcours, je remarque l'urne antique où les anciens, qui pratiquaient la crémation, scellaient les cendres de leurs ancêtres.

Les deux seules peintures qui se trouvent dans ce musée représentent la forêt de Carnac, près de Vannes, avec ses pierres druidiques appelées « autel du sacrifice ».

Le musée de Saint-Germain, à mon avis, est le temple des savants ; une grande République a le devoir de cultiver les arts.

L'art, la poésie et l'amour sont des religions qui grandissent l'être humain, et l'empêchent de tomber dans les égarements qui avilissent l'humanité.

J'applaudis de tout mon cœur la grande Amérique. Cette République, qui date d'un siècle à peine, comprend toute l'importance de l'art.

Dans ce pays de progrès exempt de routine, on fait largement les choses. On y veut des artistes, on en aura, et les musées américains feront un jour notre admiration.

Voici ce qui se passe actuellement chez nos amis d'outre-mer : Dans leurs écoles si bien organisées, aussitôt que l'on remarque des enfants de l'un ou l'autre sexe ayant des aptitudes artistiques, on cultive ces aptitudes, et lorsque ces enfants sont en âge de voyager, on les envoie visiter l'Italie, la France, les Flandres, et on leur recommande aussi la forêt de Fontainebleau, cette grande inspiratrice des peintres et des poètes.

La nation américaine ne laissera pas, comme chez nous, mourir de misère ses artistes. Malheur, en France, à celui qui, né sans fortune, est doué d'imagination, que de déceptions l'attendent !

Émile Saint-Hilaire

Je veux également parler de mon article sur les religions ; je l'avais lu, en petit comité, en présence du regretté Amouroux ; ce dernier m'écrivit quelques jours après pour m'avertir qu'il m'avait fait inscrire dans le programme d'une grande fête républicaine pour y lire cet article, où je donne des détails très explicites sur le sort de la femme ; le clergé a compris, en s'emparant d'elle, le tort qu'il faisait au progrès ; les conséquences qui s'en suivent, lorsqu'un républicain n'a point dans sa compagne l'appui et le repos moral ; la dévote écoute son confesseur préférablement à son mari ; et les hommes qui aiment, dans leur sot orgueil, que la femme leur soit inférieure, paient toujours chèrement leur témérité !

J'expose qu'il faut se hâter au plus tôt de donner à la jeune fille une éducation autre ; il ne faut pas négliger les aptitudes féminines, et, si les hommes avaient compris cela depuis la Révolution de 89, nous n'en serions pas où nous en sommes !

Les brasseries seraient moins fréquentées, l'homme aimerait son chez-lui ; et en ce moment où l'intérêt général est en cause, l'homme qui vote, consulterait sa femme, qui ne vote pas encore ; le scrutin serait favorable au bon droit !

Je voulais, qu'à l'exemple des femmes gauloises, qui venaient à l'âge de 40 ans, délibérer des intérêts généraux, à côté de leurs époux, et de leurs fils ; je voulais que la femme d'aujourd'hui jouît des mêmes avantages.

Mais depuis que les hommes nous donnent

tant d'exemples d'incapacité; que leur politique n'est basée que sur l'égoïsme, que le
pouvoir dont ils disposent ne leur sert qu'à
s'enrichir, et à trahir, nous demandons avec
raison, les droits intégrals pour la femme.

Nous connaissons plus d'une femme, actuellement, qui feraient de meilleure besogne que
certains députés que nous nous abstenons de
nommer; en général, la femme est moins
égoïste et voit plus juste que l'homme qui se
laisse emporter par sa fougue d'ambition et de
personnalité.....

L'article *les Religions* a eu le même sort
que *les Souvenirs des Buttes-Montmartre*;
après avoir été lu à un rédacteur d'un journal
qui me le demanda pour l'insérer, il ne se pu-
blia pas dans ledit journal et mes réclamations
restèrent vaines; on ne voulut pas me le
rendre.

Ce journal s'appelle l'*Intransigeant*, et c'est
à M. Rochefort lui-même à qui je confiai l'article. Lorsque parut Marguerite Germain, un
rédacteur de l'*Intransigeant*, M. Degeorges,
m'en fit un article très élogieux. Je crus de
mon devoir d'aller le remercier!

Je venais de recevoir une lettre de Clovis Hugues, je la lui communiquai; il me la demanda
pour la publier également dans le journal;
cette lettre est tombée dans le domaine du silence.

Avec les femmes pourquoi se gêner! Il aimait les autographes, M. Degeorges, il l'a
gardée; en voici la copie. Clovis Hugues m'é-
crivait à propos de Marguerite Germain : « Je

lis votre nouveau livre. Je vous félicite et je vous remercie ; vous avez enchassé de nobles et généreuses idées de progrès et de justice à travers votre écrit, c'est ainsi que le roman doit être compris, dans le temps des revendications sociales où nous vivons. »

J'aime infiniment mieux la franchise du rédacteur en chef de l'ex-journal *la Tribune* ; l'un de ses rédacteurs lui présente un de mes articles, lui disant qu'il le trouvait bon ; mais il s'écria (pour que je puisse jouir de ses aimables paroles) : « Articles de femmes, romans de femmes, ne m'apportez jamais, jamais de cela ». C'était dit sur un ton d'un pipelet qui vous signale ; il ne faut pas de chats, de chiens, d'oiseaux, de perroquets et surtout pas d'enfants ni de femmes seules dans la maison ! » Est-ce assez réussi ? Comme cela prouve la grandeur d'un pays qui fait tant de réclames pour la civilisation ! Messieurs les Français, laissez donc tranquilles ces bons Chinois, occupez-vous des réformes de votre pays ; d'après ce que je viens de dire et qui est malheureusement trop vrai, le crétinisme progresse du côté masculin, aussi ne méprisez donc point la femme qui cherche à sauver la situation !

Ici je tiens à raconter un petit tour de ma façon, joué à un grand journal, ayant une caisse assez riche pour acheter les journalistes. Je savais le peu de cas que l'on fait des livres signés au féminin, raison qui m'a fait signer les miens au masculin : Un beau soir, je me rend méconnaissable ; j'avais emprunté le chapeau d'une bonne vieille dame, aussi son tour de cheveux blancs frisonnés, une voilette par là-dessus, enveloppée d'un grand châle, j'arrive à la rédaction du *Gaulois*, le samedi, dernier jour du mois de novembre 1872 ; je remets au rédacteur de ce journal, mon petit bouquin, *les Incurables* ; je me fais passer pour être au service de l'auteur du livre. Le lendemain dimanche, 1er décembre, il y avait dans le journal un article sur les Incurables ; j'en copie quelques lignes : « Les Incurables, ce sont les poitrinaires, les pauvres et les fous, dont M. Saint-Hilaire nous représente les afflictions dans une série dramatique. L'auteur expose dans ce livre que l'esprit, de même que le corps, réclame son alimentation. » Il y a dans la nature des lois d'harmonie que nous n'observons pas ; une grande partie de nos souffrances sont dues à l'ignorance! Si je n'avais pas employé cette ruse, aurais-je obtenu cet article?

Deux mois après, c'était le journal *la Liberté*, directeur Détroyat, le 8 février 1873, qui insère ces deux lignes : « *Les Incurables*, d'Emile Saint–Hilaire, ont obtenu un grand succès ». Je ne suis pour rien dans ce mensonge, c'est une dame soi-disant actionnaire du journal, amie de Détroyat, de Girardin, et d'un tas de journalistes en renom; elle tient à me prouver l'autorité dont elle dispose, mais je ne l'approuve pas d'avoir fait insérer cela ; ma naïveté l'amuse, elle me prédit que je n'arriverai à rien, si je n'employais pas les rubriques à la portée des journalistes : « Il faut jeter de la poudre aux yeux, il faut dépenser de l'argent, et recevoir les gens en vue ; avec cela, on est sûr d'arriver, et on a du talent quand même. » Je lui cite les noms de quelques journalistes en qui j'ai confiance ; elle me rit au nez, elle me débite un tas de choses sur leur compte, ce sont des farceurs qui se fichent pas mal du public, ils visent à gagner de l'argent ; leur polémique a trois couleurs, ça leur rapporte de douze à quinze cents francs (elle ajoute par mois). Et les directeurs de telles et telles feuilles, qui reçoivent des cent mille francs, pour ne pas divulguer des tripotages gouvernementaux ; et cet autre industriel qui achète le silence de ce fougueux républicain, qui trône à la Chambre ! et ceci, et cela, son discours dure un quart d'heure.

J'étais écœurée de tout ce que j'entendais raconter ! J'ai su plus tard que cette femme, à laquelle on avait fait une réputation d'esprit, devait sa fortune à certains tripotages, et à des spéculations peu scrupuleuses. Je renonçai à fréquenter ces gens riches, qui me dégoûtent ; moi qui ne veux point usurper une réputation, je marche dans les sentiers arides de la vérité ; l'école de la souffrance n'est pas inutile à qui veut transmettre sa pensée ; si je manque d'expérience, c'est que je me refuse à voir l'humanité dans toute sa laideur, je crois aux bonnes gens, le peuple m'en a donné la preuve ! J'ai possédé, j'ai donné ; je lutte pour vivre, et je lutterai jusqu'à la fin. Je méprise les égoïstes, et je les méprise du plus profond de mon cœur, parce qu'ils nous empêchent d'arriver au progrès, de mettre fin au paupérisme ! Je méprise les parvenus parce qu'ils ont pris la part du bien-être, auquel les autres avaient droit comme eux ! Les bons riches sont coupables en ne faisant pas leurs dons eux-mêmes !

L'Assistance publique ne satisfait personne, c'est plutôt une dérision publique !

EMILE SAINT-HILAIRE.

2351 — Paris, imp. Robert et C⁰, 19, faubourg Saint-Denis.

DU MÊME AUTEUR

Les Pêcheuses des grèves de Granville.

Épisode du siège de Paris 1870-1871. Dans cet opuscule, vendu à Granville pendant la Commune, sont insérés les articles suivants, qui furent publiés pendant le siège, dans le journal *La Guerre* :

> I. *Pas de paix honteuse.*
> II. *Paris vainqueur.*
> III. *A Paris.*
> IV. *Place de la liberté.*
> V. *Vive la république universelle.*
> VI. *Nos boulevards.*

Les Incurables.

Le Paradis terrestre dans l'avenir.

L'Amour d'un poète. Chez Dentu, Palais-Royal.

Pour paraître prochainement :

Souvenirs des Buttes Montmartre.

Les Galimatias parisiens.

En formation :

Bretagne et Normandie.